刘广来著

神来之笔

—— 武 林 集 萃

SMPH
上海音乐出版社
WWW.SMPH.SH.CN
4J1377

刘广来著

神来之笔
——武林集萃

上海音乐出版社
WWW.SMPH.SH.CN

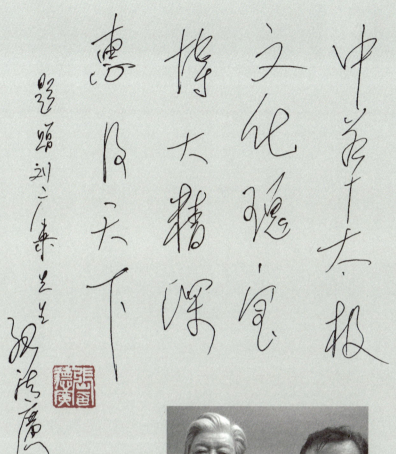

中华太极
文化玄奥
博大精深
惠及天下
题赠刘峰先生 张德广

张德广先生题字

作者与张德广先生合影

张德广

中国国际问题研究基金会
名誉理事长

中国中亚友好协会会长

中国外交部前副部长

中国前驻俄罗斯大使

中国前驻哈萨克斯坦大使

上海合作组织首任秘书长

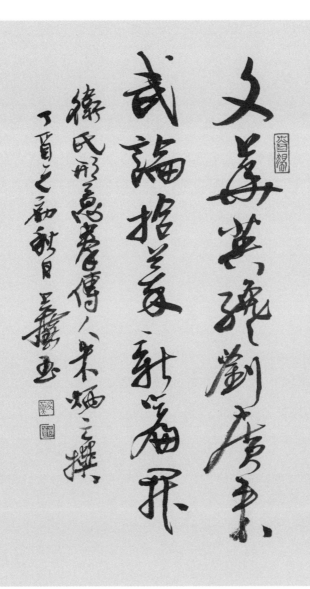

文姜其魂劉廣素

武遍指姜新篇飛

衛氏形意老者傳人朱炳云撰

丁酉之初秋日 吳蘅書

卫氏形意拳传人朱炳云老师撰　吴蘅书

目 录

自 序

中国传统古典舞美学是意象艺术，武、舞同根同源，其艺术表现方法中的人体造型技巧，在人体动作中流逸出生命韵律美感，"以意执体"的"人体书法"欲以其导引、创造。历经千年历代文化积淀，在化形、刚柔相济的骨法中，中华传统拳致太极（太极之拳）就是天成之妙，其独特的"意象"是天成之妙作，"思生意合，拳意玄微"，把心中微妙的情感"于含蓄中求显露""于显露中求含蓄"，表抒着"形神兼备""气韵生动"的中华神韵。

武者、舞者在习练中的形体状态和意守、意导中举手投足的要求，须做到体现出传统古典的"形松意紧"。形松可使"神意萌发""迁想妙得"。意紧可使"凝神注想"，能够在"得气"中和导气运行中以意带气、气运身，至气生流通、活泼，尽情发挥武、舞者意应象形，体现生动的空间感。然若意不紧，形松就没有了明确而有力的意义来导引运体，意不紧导致气不紧，其动态、形势软懦不快，故不能准确地表达意象的形神特征和武、舞者的心神意志。

本书中《孙氏太极拳：浪中鱼呼吸内功》："太极拳运动将空间视为感性生命的混沌之气，意领上升时，清阳气为天；下降时，浊阴气为地。"《太极拳秘传内功法》："……意停则神断，神断则受愚。""撕棉""拨弦"是太极拳学之意象系统，历经内功磨练转换流程渗透于太极拳套路之内。《摩胫根基功法》:"移动脚内侧在要靠近支撑脚内踝部起动前,重'意'不'动力'(移动脚先不动)。先意默……"

意紧就可以导致气紧,故形松气紧就是形松意紧的最佳境界。我在几十年学、练、教、研的实践经验中提炼精髓,将所知秘传贡献于书中。习练者和学习者,先从书中以"意识导引法"运体开始并养成前动、起动、流动的导引法习惯,久之纯熟,就能够有助于创、舞、化"前思(意)如潮涌,后气(韵)如潮涌"的千年传统古典之"气脉"神韵和苍古气象。

刘广来 2017 年 2 月 7 日

前　言

　　人类文化之源，肇始于太极。如《文心雕龙》所云："人文之元，肇自太极。幽赞神明《易》象惟先。"其深刻阐明了神秘、微奥之理。

　　我历时几十年于国内外教学，并且与武林之友切蹉。深感学海无涯，为此坚持苦作舟。现将历练的感悟与心得，集萃于书中与读者交流，取长补短，携手共进。同时也关注与思考着中国古典舞的"意韵教学"，因此在书中的有些文章中运用了"比兴手法"，凝神构思，执术驭篇；在虚、静之中意想着中国古典舞者整体神韵气势。其神形意志和训练中的命题就是中国古典美学独特的民族艺术特色，以原点、原动和起动机理充实完善着中华民族古典艺术的理论体系，并发挥其古典美的抒情与达意。另外，享受养生以及益寿的妙用，无疑也是与同仁们探索的话题……时至当下，思绪万千，拳之太极，渊源深广，其凝聚着天、地、人三才，五行之灵秀。当心之意序通体内气运旺盛之时，我贯注笔端且毅然落笔，笔笔生发，做到：心到、意到、气到。气抱神、神恋气、"神厚乃苍""气和乃润"，似有"神助"催动，呼之欲出，即神来之笔！

太极律韵之美无国界，情怀相通，其已为当代世界各国的人民共享，而太极拳"安舒、和谐的田园风光般的精神内涵"已经融入世界各国爱好者的生活方式。如哈萨克斯坦男女老少的爱好者踏着冰冻三尺的深雪，冒着零下三十五摄氏度的酷寒赶来体育馆学练太极拳。再如，太极拳培训班在北京开班时就有多国外交官踊跃参加。

习近平主席在中国文联十大、作协九大开幕式讲话中提到："经典之所以能够成为经典，其中必然有隽永的美、永恒的情、浩荡的气。"

具有千年历史的太极拳"静固志意、神归其舍"。太极拳以动求静，让你静下来，沉下来，调心、调意、调气，以及"刚柔相摩"。习拳太极中，阳刚与阴柔在导、引、吐、纳中变奏，其神往万里、思接千载的文脉太极律韵，不仅圆融着、进化着中国古典舞之美的境界，而且陶冶着人类"宁静致远"的精神世界。

神来之笔

　　《兰亭序》把纯粹出乎自然发展的书法,引向一个注重技巧华美,特征不断锤炼,直至精致的境界。

　　王羲之是当之无愧的书法大师,他以卓绝实践奠定了书法在东晋时代的文化基调,不仅视书法为实用的传递思维工具,还视它为一种抒情达意的艺术。王羲之心境松静,自然中侧锋入笔,笔锋在反逆转螺旋的交叠中提按运行。行书以散求正而产生这清且涟漪的敧侧以及揖让的、对比的间架美感。《兰亭序》把我们带进一个洗练细腻、丝丝入扣的微妙境界,这是一种出于艺术审美目的的理想境界。《兰亭序》的技法意境给我们留下的是更多的体察入微、含情脉脉、皓月当空,枝影婆娑……孙氏开合活步太极拳的创始人孙禄堂先生由"心拳"归笔书"心法",使拳法"神意"通过内气的能量与信息的转换、移情入化于书法浑然一体的拳"六合"、书"六法"。

古人曰："人与画合。"书法也是"心画法"，欣赏太极拳也是"玄览"人体书法的"心画拳法"。观拳有意、气通"六合"；观书有意在笔先的古意"六法"。观拳、观书触类旁通：先观气韵，次观骨法，然后形似。太极修炼有十年不出门之说，就使"拳缘"习练者认识到太极拳之拳之法，在意不在力，在韵不在巧，玄奥其妙的意趣高于一般的人体运动。其幽微深邃的拳理，深藏于杳渺冥濛之中，难觅的太极缘遇：若游鱼衔钩，而出重渊之深。古人曰"造化入画，画夺造化"，唯有这个"夺"字最难做到。以松、行、气应、意恭、净化思绪、明晰拳法、唯书法、时运、气机"火候"，方夺得"气""势"天机造化"机理"。

天地自然，自有原生态形、体、影、像，常人都可以看见。因而拍照与绘画出来，取之较易。但天地自然也有神情与气韵，其内在美，常人却不易见。孙先生了悟太极通玄，拳微观所思，妙臻所梦，默契神冥……夺得表现天地自然、天籁移情的"水墨天地太极山水情"的拳景妙趣。拳之韵，书之法，灵因互相交感，一脉相承，生机盎然。

　　知可以不行，行不可不知。

　　隐逸在万古不移的书画精论：一曰气韵生动，二曰骨法用笔，三曰应物象形，四曰随类赋彩，五曰经营位置，六曰传移摸写。启迪后人思书法，默契神合。

以笔得气为阳，以墨生彩为阴。禀承阴阳变化与太极拳同根、同源、同理。

孙先生的书法与拳法心意相映。笔法起动（身法起动），在连绵、繁密、疏朗、空阔之中构意。运笔（运拳）相间，转折盘旋像飞鸟猛然从空中坠落一样，其来势顿落：顿如山安。

执笔悬空，深化呼吸，紧收、聚蓄，飞瀑流水，激吐而射：泉如导注。

以墨为形、以水为气、墨法法度在用水。凝神静思、意在笔先、趣在法外、既运笔在轻、重、缓、疾、提、按、顿、挫中，笔势雄浑得神，水墨是书法的血肉灵魂的体现，从而使得笔毫发之间的水墨、通明灵话在、盈、亏、揖、让、虚、实分布于字内、行间，相映舒展如太极行拳、云手之境，紧扣纤柔，呈现出独特的笔墨天趣、天机，缱绻佳境：纤乎似初月出天涯。

书艺，拳艺，包含着情态的因素，具有节奏、旋律的特性，产生着心灵生命的共振和共鸣。其没有声音，可以移情山水、月、泉的天然神韵。孙先生"移情""迁想""神游"于应物像形，随类赋彩，传移摹写的"千古六法"的法典之中。澄怀柔情似水，在有意与无意之间，发挥"气韵运笔"的最高境界。孙先生心驰松静，天机勃露，造化出水墨天地——"太极山水情"的天成之妙。

从远古象形字、甲骨文等，从拙到巧。《兰亭序》成就中国书法史学上艺术审美觉醒的最重要象征。它凝聚着书法艺术中"线型"的意韵神光，赋予了唐太宗、乾隆以及文人墨客对书法美学境界的陶醉与神往。

古人云："书如其人，画如其人。"孙先生把纯粹的出乎自然的太极拳法，锤炼而引化出自然界旋律："山、月、泉、水。"升华、华美的抒情达意具有动人心魄的神思妙得——"醉翁之意不在酒，在乎山水之间也"的水墨天地"太极山水情"，其是一幅美妙的拓展时空且别有洞幽的意象美。拳法之艺，书法之韵，"两心相印"，

两意潜移默化着具有可塑性的"造型"因子，寄寓了历史永恒与无限的东方奇特的流动抽象美。今天打动我们的太极拳"人体书法"是含蕴着中华古老本源的气韵、生机、神貌。

书法之韵有其抽象性，书法高度概括了客观形象，抽取了自然界景物生机的内在本质。一个笔划和线条既可以是"婉若银钩，飘若惊鸾"，也可以是"虫蛇虬龙"，或其他物象。这如同一个悦耳的和弦，可能表现的是阳光也可能是月光，或其他的光；可能表现的是激昂的情绪也可能是悲壮的情绪。由于这种不确定，使书法抽象艺术在深的层次上表现出巨大的涵盖力，也将欣赏者引进想象的空间。

"深识书者，惟观神采"的太极拳泰斗孙禄堂先生承拳启书，意悟通玄。以此下笔达情移景，以书唤拳、叠韵流旋、回肠荡气、驰骋纵横之神来之笔，"导之则泉注，顿之则山安，纤乎似初月之出天崖"。（如图）

著名武术家 孙禄堂（福全）草书

2004 年秋季，我武林好友曾在北京北海公园学习过孙氏太极拳，学习中获同仁书画爱好者赠孙禄堂先生亲笔书法复印件，后又复印送我

原始太极内功：揉球引导术

　　双脚分开与肩同宽，立身中正，松胯松腰；在含胸拔背，垂双肩，沉肘时，双肩合抱一"球体"（似篮球一样），双手指、腕和小臂，先"旋腕"后"转膀"，再"翻转掌心"，同时微微带动胸、腹、腰、背，立体地运转"球体"，这犹如地球绕太阳运转走弧线，同时地球本身还自转着旋转一样。所以太极劲不是平面的一个圈，而是立体的螺旋上升。（见《太极拳全书》第 20 页，第五行）球体意，自转感，处处走弧线的太极意识运动的力学，构成了太极拳"意出象造"的形象。揉球引导术的立体，旋身与动气，拥有了太极拳的活化和

连贯圆润的特质，并深化了太极拳"松静""化劲"和发劲中的"能化"与"突发"，这是太极拳独特的搏击黄金思维的资源。

从力学研究来看球体，球体上任何一个点都能成为支撑点，也可以转化为卸力点。任何外力作用在"球体"上总是一个点，这一点在"球体"上滚动时，不可能成为力点，因为会沿"球体"滚动而滑掉。所以球面上的受力点既能化解来力，又可以由被动变为主动。"球体"不易受外力的作用而变形，只是滚动了一下而已。受力点被滑掉了，在此同时依靠太极拳意识，当球面上的其他点滚过来时，刚好碰在被你滑掉的点，即延长出去的点：这受力点与延长的点在太极拳学中成为阴阳两极，实虚两极。从而体现太极图阴阳

鱼和立体"球形"意识的人体运动"圆"动的元素之根。"球体"上的圆动的时空感,是无穷的。无尽的动让你在搏击的生存与斗争中,必须不断地遵循着"球体"的原理,日久功深,为把握技击先机的意识顿悟。从而在通往善用"球意"巧运"球术"中,产生彼微动,此已先动的"球动力定型"的无形,以无意识随心所欲地迷惑对方的迷"踪"影意而制胜对方。

揉球引导术乃太极(球)图的原始、原点、原动、原理、原内涵。在太极拳技击之美、行拳默契中,感应立体太极(球)图中的气机习练之造化(因有人习练意不萌、行拳之迹是平面的滞留状构),心与意和、意与气和、气与力和,去运化立体太极(球)图,打通与对方交手的太极功夫重意不重力的循环:逢势而绕,进手而缠,侧(隅角)身而入,闪、惊、巧、取(赢)。

孙氏太极拳内功：浪中鱼呼吸
——浪中鱼，气行人

浪中鱼呼吸内功是孙氏太极拳中一种特有的生命气化运动。

太极拳运动将空间视为感性生命的混沌之气，意领上升时，清阳气为天；下降时，浊阴气为地。而浪中鱼呼吸内功法，引导清阳气上升，浊阴气下降之气理，趣味横生。

内功习作：鱼腮即体左右肩胛骨，鱼腮的开合呼吸与"气"感的应合，开始双手在鼻尖前相对合掌，但不接触，分开时吸气，双手不过肩；双手合时呼气；在鼻尖前双掌相对但不接触。一吸一呼感受着肩胛骨起、动、封、合的"生化功能"。在气的生机、开合、舒张横拔中久练气感，深纳于脐下丹田。

在虚其心、实其腹下的"鱼腮呼吸",意象中扩大吞吐量,逐渐深化,功到自然成时,气带血行、加快了血液流量、加快了新陈代谢并增大了大脑的供氧量,"气通乃生",气血通了,气自然下沉腿部、足部"涌泉穴"有麻、涨起,"涌泉穴"在经络系统为"通关开窍",是孙氏太极内功:浪中鱼呼吸法通体贯穿的重要经脉,是意导气、气运身、开悟太极拳对内、内气运转、对外研之有"悟"、太极拳是流体力学之学问的、气机自如地运化于练体化精、练精化气、练气化神中。自我"纵浪跃身,化为滔滔之水"的"浪中鱼"。此时此刻天地气可纳入我心灵。练气中的"浪中鱼","以身观身","收视反听",使"得气"运行于脉络:中国传统太极拳浪中鱼呼吸内功(气贴背)在行气运化、修炼贯化于拳形态势中,超凡入化。

太极拳秘传内功法

"拨弦"是意深而幽内功法。

太极拳之道，最忌身心用力，用力则气滞，气滞则意停，意停则神断，神断则受愚。欲求太极拳技艺熟能生巧，巧生妙用，须以太极之内功法换劲为根始。

太极内功法："太极撕棉劲"和"太极迈之灵拨弦法"，修炼深意理悟。"撕棉"，滚腕揉指，绵延撕棉劲。平心静气，不急不躁，从手指到腕、臂、身、力都要连贯一处。呼吸均匀，恰当地运用"撕棉"的柔韧力度，以气息去调动通体贯穿的劲之精、气、神。

"拨弦"，先从提胯、提膝再到悬踝形成太极迈如猫行、如履薄冰的姿态，凌空拨动你想象脚下站在大琵琶的音弦，此时拨弦须足下均整，筋肉空灵。拨弦足下"频率"基音愈微愈诱发想象的"泛音"。在欣赏太极拳时不一定能识别出每一拳式、拳架和具体什么门派套路。首先我们欣赏的是习者的表现力，打动我们的是习者之拳法、气韵、情调和拳的力度。给我们留下最深印象的是，习练者经过"撕棉""拨弦"内功波及太极拳的线条，其线性发生着质感变化，形象升华，超出人们习以为常的太极规定的拳路路数的符号。因而凡欣赏到涵有心意、情景交融的神趣中，人们会拍案惊感。

"撕棉""拨弦"历经内功磨练转换流程并渗透于太极拳套路之内。其形式表象内化、生发，然后形质法变，深化了太极拳动律的基因，从而追求在太极拳审美的意境中呈现出多彩多姿的东方审美体系和太极研发的具有广度、深度且深远的美学观。

并渗化运步之中。肾藏先天之元气，腰肾与足合，欲养气补肾，并润泽全身使生机旺盛。左右肾相互提托，以曲蓄之意先提胯，再提膝，后如"垂露滴叶"之意贯入足梢，由肾气至足梢相应"契化"，交感、充养，促使"肾气归元"、步法转换超然富有生机。

太极之拧

　　具有戏曲舞台基因的"拧"，已成为中国古典舞学科深研几十年的学术命题之一。

　　手捧太极，脚踩八卦的无机生有机、有机生太极的太极之拧，重意不重力，其窍秘行诀，意旨叠韵，拧不空出，逢拧必裹，内意还蕴藏拧时的侧身化进之机，有外拔、前冲的感应，拧劲而催动腹腔气收缩之时要引意，入微上挑，使拧劲气化顺达，内感节奏沉稳、雄浑，升华拧的意气生机。

　　戏曲程序化的有限之拧技，转化为拧有尽而余意不尽的太极之拧。拧从起动到终点的流程，要经得起细密入微的体验，让戏曲"横拧"融入太极之拧的转化中有了"新陈代谢"的酝酿，如同粮食经过酝酿变成酒一样。练于拧的遒劲之中的太极古拳古法，酝酿、调试、这体感过程，久练自然悟入本篇章上写：逢拧必裹……启动拧的涵意，从而达到其功法"拧律"中的生韵、传神，并强化拧的应变深度，构意再创拧的象外之象，教研并发扬太极之拧中传统的中华民族美学思想。

太 极 腰

拧腰:尾闾(意感)下插入地,松腰到松胯,下肢姿势保持不变,以腰部带动。左拧或右拧,拧腰之际:左拧意想左肾虚空,右肾而实。右拧同左拧一样。意拧腰:不拧腰,意想两肾虚实之感,已具备"虚中拧"。意念的拧,必然作用于生理的拧,意拧和生理拧应是一致的(不拧腰的意拧,才是生生不已之意气拧)。

旋腰：尾闾带动胯圈、腰圈、背圈旋转，上下间切忌停顿，须贯穿一气，否则"弦崩劲断"，失去通体贯穿的旋身运气。

吸腰：意想肚脐贴后腰的"命门穴"，贴透腰际内收缩，吸动上下肢动作紧凑、聚蓄之际，状若鸟之回栖，落枝，收翼。

叠腰："百会穴"虚顶，内气自然下沉中，肩、背、腰、胯逐节重叠，若层叠波簧。

拔腰："唉声叹气"一口形成虚其心（胸）、实其腹，背部肌肉往下沉坠，同时，颈部"大椎穴"有鼓起上提感，从而牵动腰意微微上拔到头骨。

凸腰：凡胸、腹、腰、背松动呈折叠状时，须施加凸腰意。凸腰之际，气息外吐，下颌内收。

運動氣機圖

氣機
行于肱內
皆纏
絲勁
而言
在其足中

存 存
將軍心 清氣
上升 傳令
意 丹田
如兵馬也 陰會
虛處 渴氣
下降 足
右足
氣貫通也

橫骨
此零膝貴圓最忌尖（膝通谷大鐘外臁以及隱白大敦屬兌實實在在踏于地夾腿根間謂之臁即會陰穴也運動足指兩腿根踏地漸至指兩腿之勁皆由足指領起上纏過踝過膝至大腿根肌膚由肩至指此是順纏法所謂入精者引之而來使敵近于我也

（一）手背（二）手面

（一）此形內勁由肩臂而行于指甲
（二）此形內勁由指肱而收于腋肩臂第一圖是入勁
（一）此形內勁由指肱而收于腋肩臂第二圖是出勁第二
（二）由指至肩倒纏法所謂入精者肱膊勁由肩至指此是順纏法由骨至肉肌膚由肩至指出精也

此第一勢手足運轉圖左手屬陰內圈左與左足所運之圈右手屬陽陰外圈右手與右足所運之圈非更迭轉實一齊運動左手略先右手略後左手在內右手在外機之動陽先陰後運之勢陰陽內陰外此圖如萬物陰陽交合之意陰陽一端之用

孟子曰志者氣之帥氣者體之充心卒將軍氣如兵將軍一出令則氣下降行于足氣背行到指頭乃士卒背聽清氣上升行于手濁氣之上行下行似兩撅其實一止氣貫通也

上二圖是左右手法運轉之式打拳全在用心心機一動欲令手上領轉圈手即如其意以傳此色注意我身何處與敵之手如何設勢進退全在於目眼既兒之心即知之該如何準備潮應手即運心而機至靈也動至速也故親其手即知其心

發令者在心傳令者在手觀色者在目此心手眼三到之說缺一不可如與敵人交手觀敵之形

左手順纏圖

左手上領轉圈與手指之靈圈與肱膊之纏圈已一股精特以視為兩段特以手言之示易見也

右手倒轉圖

前照以左手為主故眼神注視左手右手在東背其肱非為無用偷散人從後來攻一反其精自然應有餘暇皆注意攻左手即全身精神一

此勢上承單鞭肱膊固已展開應敵猝然肱膊既己展開或再用纏法以應敵之從左方面來勢必亦拳中自然之機勢不得勢而又伸而未屈偷有敵來非上領其左手不可左手在上必合為上然屈肱何以應敵故必上領其左手內本不得勢而有濟於事此損下益上其道上行故取諸損

前照七言俚語全體之精力以注於左手而後眼顧左手是前上領下打把客遷任他四面來侵悔白戰功成白手描

缠 丝 劲

　　缠丝劲，顾名思义如蚕吐丝，仿佛从蚕茧里抽丝、拔丝。其丝越扯越细且不断。心意缠丝，善缠运身；先缠自体，做到深、长、匀，获得连绵、轻细，缠应心会内功。技击、推手中，在揣悉缠敌方，如蚕吐丝中，缠丝网扑面而弥，绵绵不断，纵使敌手如何变化亦无法进击，欲逃亦不能。拳论曰："差之毫厘失之千里。"太极内家拳，一处不点拨，一处迷茫。往往不点的"盲拳"出现偏差，耗气，伤神，伤体。所以获缠丝劲必须经培其本源，滋养元气。体，用，缠丝劲心理训练要诀。体："无人似有人"指个人在单练缠丝劲时，要有"临敌感"，久之，一旦遇敌不至惊惶失措，能像单练体会的那样去运"缠丝招"对敌。用："有人若无人"指与人对搏时，"如入无人之境"要像无人一样，掌握缠丝劲，精熟、应用缠法技能，掌握攻防意识的主动权，以我变引敌变，乘敌变击其要害，此出处、自胜人一筹。

　　《太极拳全书》指出："打太极拳需明缠丝劲，缠丝劲运中气之法门也,不明此,即不明拳。"《陈氏太极拳图说》:"其劲皆发于心内,入于骨缝,是一股劲,非有几股劲,气机行于肱内皆缠丝劲言手而足在其中。"

修为缠丝劲内功要扫除妄念,收视返听,含光默默,固守玄关(脐下丹田)。修禅参悟,清心寡欲,调息绵绵,缠丝心源绵绵若存,丝连不绝。行拳(吐)"出息微微"、(纳)入息绵绵,呼吸淡薄(一丝启灵明),其"薄"即:感觉不到在抽蚕丝,仅感觉微微细化,但连绵不断,缠亦"气","气"亦缠,有意无意之间,绵绵微微淡薄之感,入于骨缝,外柔化于肌肤。缠转,丝吐随心,缠理法密,毫无滞机。一片神行太极,皆在浑然缠丝灵犀一点通神中。

附《陈氏太极拳图说》写自光绪戊申(1908)至民国已未(1919),手自抄写。选摘四页为引证缠丝劲。

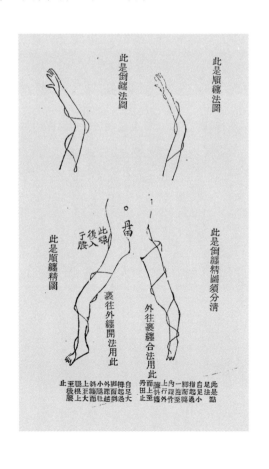

洛 神 赋

太极拳审美蕴涵于中华民族所拥有的精气神的历史流变之中。

太极拳学说根植在中华民族文化这个母体的基因和血脉中，而形成中国太极拳学的美学观，其审美的最终目的即：太极精神突破现实时空的束缚，从有限中获得无限，从瞬间中获得永恒。阴阳交合、虚实冥幻的太极"玄"学渊源，流缘在人遇神恋的《洛神赋》的文辞中。

《易·系辞》："仰侧观象于天，俯视观法于地，观鸟兽之文与地之宜，近取诸身远取诸物，于始作八卦，以通神明之德，以类万物之情。"实由虚而生，虚因实而成。如游鱼周围的空白为水，空白的"无"常常又留下无限的想象余地。唯虚实相生，方能体现出太极空间的生命形态。

陈思王曹植，文思敏捷，才华卓越，其笔下《洛神赋》词赋精丽超逸，文赋发于心源，强化了悟，万物皆生于阴、阳、分、合变奏与虚实无穷化变，从而跃动着人体生命脉搏，传达着生命之神。"动无常规，若危若安，进止难期，若往若还"（摘自《洛神赋》），宓妃（洛神）动之没有规律，像危急又像安闲，进退难以预知，像离开又像回返，此文思辞理，蕴潜着迁想妙得移情中的深意，在云雾弥漫、缭绕中，宓妃步履轻盈、静缓于微浪漫波中，进、退、敛放自如，缱绻缠绵，运步中的进为阳、退为阴，在循环、往、来中逸韵着、阴阳相互依存、消长、互根留恋忘返的意味。阴阳如太极图涵运着不停息的交感、转化。《易·系辞上》曰："阴阳不测之谓神。"阴阳对立与统一是宇宙、万物不断变化、发生、发展的根本原因，

是一切生命精灵以及神奇奥妙气象的总源。任何一个艺术空间都是以感性物态为志意的时空的生命精神，也正是通过物态的感性形式来表现的《洛神赋》，呈现了洛神凌波微步的太极虚拟梦境的大写意，将我们的视觉意象审美的眼光，环视在洛神生机流变的"仙人步"并融贯时空气象中。

洛神仙气步韵循化着太极拳学寓意的往复，必有折叠，进退必经转换（见：太极拳折叠技法、太极转换技法），若形若影，幻化飘渺。正像旷古久修炼的古人先贤活灵活现的行拳气韵在你视觉中：仿佛遥望风平浪静的水面上行驰的小船，看似不动，实则在运行，但你此时难以察觉到小船滞留空隙，在时间上绵延不止。

头顶太极，怀抱八卦，脚踩五行，太极拳无极而生，阴阳之母也。

从运拳宏观浑然到剔透玲珑的微观；极其匀清的太极拳缀连如九连玉环的无端，运拳中体现着刚、柔互补、相济，在快慢相间中、慢到方时快、快到圆时慢，使运拳的韵律节奏与自己心灵生命的节律产生共振和共鸣，极其匀清地配合着拳势、往复循环的开合，如玉环的无端，看不清衔接在何处。负载千年文脉的太极之拳的韵律美学史观，维系着意止形连，形止气连，气止神往，近而不浮，远而不尽，纵横交错，左右逢源，缠绵缱绻，幽深远趣。

形意太极

太极习演流程中的气息控制和"起，承，开，合"，在运行中转化着欣然欲动的刚、柔、急、缓、顿、挫等力和劲美的意象。其在追求着太极精神化的太极武艺所表现的风格与气质中吸引着观赏者，使之体会着只可意会不可言传的触发境遇的拳趣拳情的想象。

太极拳形态的动静互化，流程中不断调整的拳法体现太极拳每一个意象拳式（例：海底翻花，披身锤）的命名，拓展审美的想象空间，启迪着习练者的情调心态。然更主要是回避不了的太极拳之学，难以揣摩其抽象意味而获得美感，并超然了我们习以为常规的太极"人云我云"的模式符号。

在欣赏被誉为中国舞蹈出版界第一编辑的黄惠民老师的形意太极拳时，为那妙悟入神"杀机"的变化而拍案叫绝！行拳中，黄老师的突放、布、摆、贴地的"太极卧鱼"，其倾斜流向的势能，触引生发着似山水画的泼墨蒸腾、浩气彩云。

黄惠民老师是蛇形气脉连贯、深熟功夫的朱炳云大师的嫡传，因此，其具有蛇形神韵的蛇形太极，在飘逸暗潜着高古游丝的瞬间，遒拔的太极之蹬，令欣赏者强烈感受到其刚冷灵捷似玉兔蹬鹰。正是这种太极意象灵动情景卷而入怀，使得黄老师的形意太极之情感深入幻化显现，令欣赏者进入想象惊奇的境界之中。现居上海的黄惠民老师使我又遇见到《逝去的武林》一书中消逝的内家嫡传古拳奇士。

行气玉佩铭

　　行气玉佩铭是春秋战国时最为具体地论述"气运身"的珍贵资料原件，现藏于天津市博物馆。

　　1981 年古文字研究会（太原会议）上发表的论文《战国（行气玉铭）考释》，郭沫若先生的释文是:行气,深则蓄,蓄则深,伸则下,下则定,定则固,固则萌,萌则长,长则退,退则天。天几春在上,地几春在下,顺则生,逆则死。

　　中华民族是一个具有悠久历史文化传统的民族，习近平指出 :"历史是现实的根源,任何一个国家的今天都来自昨天。"中国太极拳学是追思先祖,并契合着远古"行气玉佩铭"的人体气文化生命学。

　　行气需等待呼吸达到深化程度，才会积蓄内气，积蓄以后就会伸张，伸张是向下"会阴穴"部位，到达"会阴穴"就会定住，定住后会逐渐巩固，巩固状态形成就会萌发，萌是头顶"百会穴"，紧接地面的基本部位是足下"涌泉穴"，顺着这个道理行气，气机是生动的，不顺着这道理行气，气机是死板的。得气阶段是在习拳中缓慢地将气积聚，等到气足再体会冲过乾卦（☰）的后三关，即：尾闾关、夹脊关、玉枕关。然后，气活化升"百会穴"，由任脉返脐下"丹田穴"。行气玉佩铭，是数千年古代先贤在实践中总结出来的中华民族"气学文化"的智慧结晶。《易曰》：流动不居，周流六虚。"流""虚"，要意引深到人体内气的运行，具有微观粒子运动时的"波粒二象性"。

"波粒二象性"现代科学研究证实人的精神现象，包括感觉和意识，都是由于微观"气"的"微粒子"即'内气'的波动和运动的性质，传递着作用人的神经和人脑神经元而产生的。

故习太极导引到人体内的"微粒子"（内气）形成人体生命中

在张三丰创太极拳之胜地武当山玉虚岩接古意之气

武当山曾流传，张三丰玉虚岩坐禅之中，观"鹰蛇缠、绕搏杀"之情境，萌发了创"太极"之拳的身法步形，根据人体内气有规律的正常运行，依太极之拳动意、势念导引之内气运行，"随意气着拳"，创造了气韵生动的太极拳。

武当山道家曾曰，玉虚岩富有"太极神运气象"

流动着、散发着热能（红外辐射）的"微粒子"运动的"波"的"频率"即"气波"，它是主宰人体运化"形具而生"的生命"质子源"；1974年湖南长沙马王堆3号汉墓出土汉代帛画，以"形具而生"的练法的人体肢体运动，导引术形式（导引图）44个各种人物的各类导引形态。揭示着，中华历史文脉是现实的根源，有着千年母体文化"血脉"的太极拳习练、修持动作质感继承传统的"质子源"源头最高境界，是在"旋形"导引吐纳、练息中、吸取太空生气、排出脏腑病邪死气和病气、祛病健体、延年益寿。太极拳"万法归宗"终极目标不可只追求姿态的质感、其本质的"质子源"源头是于"形具而生"心意导引法之"内气"运体沟通、运化中通射着、绵长着形与神统一的太极拳的"形神兼备"。

武舞同根

　　宇宙万有，氤氲化育，事事物物，莫不自无而有，自隐而显，相生相发，传曰"物生而后有象，象而后有滋，滋而后有数"，伏羲氏仰观府察，始作太极、八卦，通德类情，以象万物。

　　易为"群经之首"，乃中华文化的瑰宝，学术思想的渊源。《易·系辞传》曰："圣人有以见天下之赜，而拟诸其形容，象其物宜，故是谓之象。"圣人设卦观象，以象其形，以明其变。因此，象由卦设，卦与象如影随形，固不可离也。学易、穷理、知数、必须从卦象着手。

　　伏羲氏画出：

乾☰　兑☱　离☲　震☳

巽☴　坎☵　艮☶　坤☷

乾卦☰为天：印堂、膻中、丹田、长强、夹脊、玉枕

坤卦☷为地：手与脚开合意在眼

　　　　　　　　肘与膝开合意在内肾

肩与胯开合意在外肾

【坤卦蓄含体内】

离卦☲为火：膻中、夹脊

震卦☳为雷：前脚掌、后脚跟

巽卦☴为风：脚离地

坎卦☵为水：右转想右肾虚、左转想左肾虚

艮卦☶为山：肘到肩，肩到肘

兑卦☱为泽：手到肘、肘到手

八卦符号以表现宇宙万有"本体"和"运用"，所谓"卦者挂也，悬象以示义"，是华夏祖先生存、生命远古符号逻辑学，如同现代电脑"程式"一样。

中国古典舞学科创始者李正一老师（前北京舞蹈学院院长）过去几年来，穿游、跨越中华江川，深攀名山之巅，探寻中国古典舞文脉、动因之源。2012年春末初夏，在与李老师赤诚长谈之中，李老曾采"仙风"访文化古道，获先贤修炼体验、武学遗传珍贵结晶、言简意赅的《转肘而行》。李老以此命题，请我始作，口传心授李正一老师的研究生。

古内家拳太极，八卦拳家曰：肘为心、意、气、"心劲相应"

暗劲蓄藏之所。肘是承上（转导传下）接下的转换中节，拳经日：中节不明；中节空；浑身则空；全身发滞；变化失灵。

天地万有，生而有象，象之构成，必先有形。根据人体内气任督经脉交合学、经络穴位学、气脉生化与体用合一功能，经历代千余年武学内家修炼，实践的潜意悟化了《人体八卦象意心功》；《易·系辞传》曰："易简而天下理得矣。"而理乃源于道，乾（天）坤（地）之道立，雷风水火山泽之象定矣，其布运人体，《黄帝内经》曰："上古之人，其知道者，法于阴阳，逆之，则灾害生；从之，则苛疾不起，是谓得道。"武、舞行练功中，人体内气必须按照经络的走向依一定的规律运行，才符合气的"阴（▬▬）阳（▬）之道"，才会有利于人体组织器官的正常活动和身心健康。因此，习练《人体八卦象意心功》需要明了人体主要经络的大体走向及其连接的"结合能"的顺序，中指"中冲"穴到肘部"少海""曲池"是兑卦为泽。泽"结合能"的性能是刚内柔外，此卦在《易》为同卦（上泽下泽），泽为水，两泽相连，两水交流，上下相和，寓意手势表现、通达，喜悦，配合得均匀，运用时与时机俱进，彼此有调剂、恰当。在此表明人体经络、气穴，导气运身讲究走向，利于身心健康。这是以人体内气必须按照经络走向依一定的规律运行，推演"动"的穷（原点）理，其精微既博大、内涵变而化，意境深远，为中华人体文化之中国古典舞"动能、韵源"的活水和源头。

《人体八卦象意心功》为中华人体文化的瑰宝、学术思想的渊源，其探索到了武、舞萌动及其基因、原生动之态的源流，追随着动之律中节奏的节拍，在将要生发的瞬间超前预测说出冥想、即兴、偶然发生的必然性，这就是你不管体验、表现得多么个性化，也仅仅是《人体八卦象意心功》那涵有结构又含有运动的行经规律，既有波粒二象性又有与其对应的人体各部位置"卦象"；"以通神明，以类万物自然之情"的沧海中一滴水，掌握其心功法就能踩上武、舞动根节律，掐住起律潮头涌浪的气机。

手指"中冲"穴到肘部"少海""曲池"为兑卦（☱）泽，卦象曰："下于地者为泽，天气乃深入于地而龙潜焉。"以象其形：手至肘。

"曲池""少海"到肩"肩井"穴为艮卦（☶）山，卦象曰："高于地者为山，地气乃上通于天而云也。"以象其形：肘到肩部。

武、舞同根，它们共涵有结构、动能要素成分以及和、聚、散状态的类同，用《人体八卦象意心功》中的气"场"来规定它们的和、聚、散状态，高、低、虚（相），实（相）相互作用，"卦象"意"导引"，"气穴"点激不同人体部位，指梢到肘，肘到肩，因而关节动质分子间引力间的不同的动机要素（像自然界存在着相互作用，物、质间万有引力，弱（虚）相作用，强（实）相作用的"电磁"）生化不同的相互作用的形态特征规律"结合能"；山——静，山岳巍峨高峻，泽——动，泽水则处下就低。在形势上山、泽高下相倾，而在实质上，空间气流是气的契机的"结合能"，动、静互为因应、相贯相生。天、地有气的契机，作为这个星球上最高级生物的人，也有气的契机，气的契机是人在宇宙调整自身与宇宙协同、统一浑然一体的超凡入化，内视体内以意导气运身的系统。先祖遗传的奥秘密码，《易》曰："山泽通气。"既让意识和机体开悟、功练，《转肘而行》：肩、肘动、静意机在"结合能"中"的气脉得气"互催，行拳中"寸间"有生化、有真气运行于刚柔抖绝之妙。

"卦"象征自然界各种现象中势态的符号。太古伏羲画"—"与"--"，两种符号代表阳和阴的线型排列组合来表示天地万物。"启人心智"，迅速使一个个上古初民和部落的人们雨后春笋般开悟。《周易》中记载这八种图形为八卦；象征天、地、雷、风、水、火、山、泽八种宇宙中自然现象；成为《易传》：衍生六十四卦为推测万事万物变、化的天法地、地法人的《法典卦象》。其类以万事万物的（包括能量和信息等）基本存在本原：态、势发生及发展的形式，动、静过程和结果。《易·系辞上》："极数知来之谓占。"可释义：极数、象征着其技艺执著的追求。上古时期，巫文化按照卦象、分析、测算、推演。从巫舞这一动和那一动都不是孤立的，微微起动结构之间的人体的精、气、神，在冥冥的生命"场"之中，依占卜卦"象"勾着手。天、地间所有的万物"象"不是偶然发生的，都有其必然性，都经受着万物运动的节、律所制。观钱塘涌潮、气势非凡、堪称举世奇观，当一片波涛涌起景"象"的时空、波涛中的几个水分子突现在逆向下落的节律。这也是《易》曰占（卜）发生于极数节（奏）律中的自然的刚、柔、实、虚通灵深远涵意。作为宇宙"孕育之花"的生命人体；依卦象、卦辞，与宇宙自然沟通，辐射时空。

转时而行涵卦意兑卦（☱）为泽，艮卦（☶）为山，《易》曰："山泽通气。"在转肘活肩应练中，方可肩、肘气通、松活，劲灵。

使左右肩肘运使，随意纵横，应手瞬出。"气"在"卦法"中沿经络运行，依气穴而聚蓄，形成内运能量，与信息的载体。它主宰中国古典舞学科韵学基律最基本的动起之源。其中国古典舞传统风格、"意气达意"，垂落：有下坠之意；相合：有相抱之意；领进：有引变之意；急冲：有催促之意。2014年秋北京舞蹈学院60周年校庆，我又与李正一老师见面，我边说、边实践做出"转肘而行"

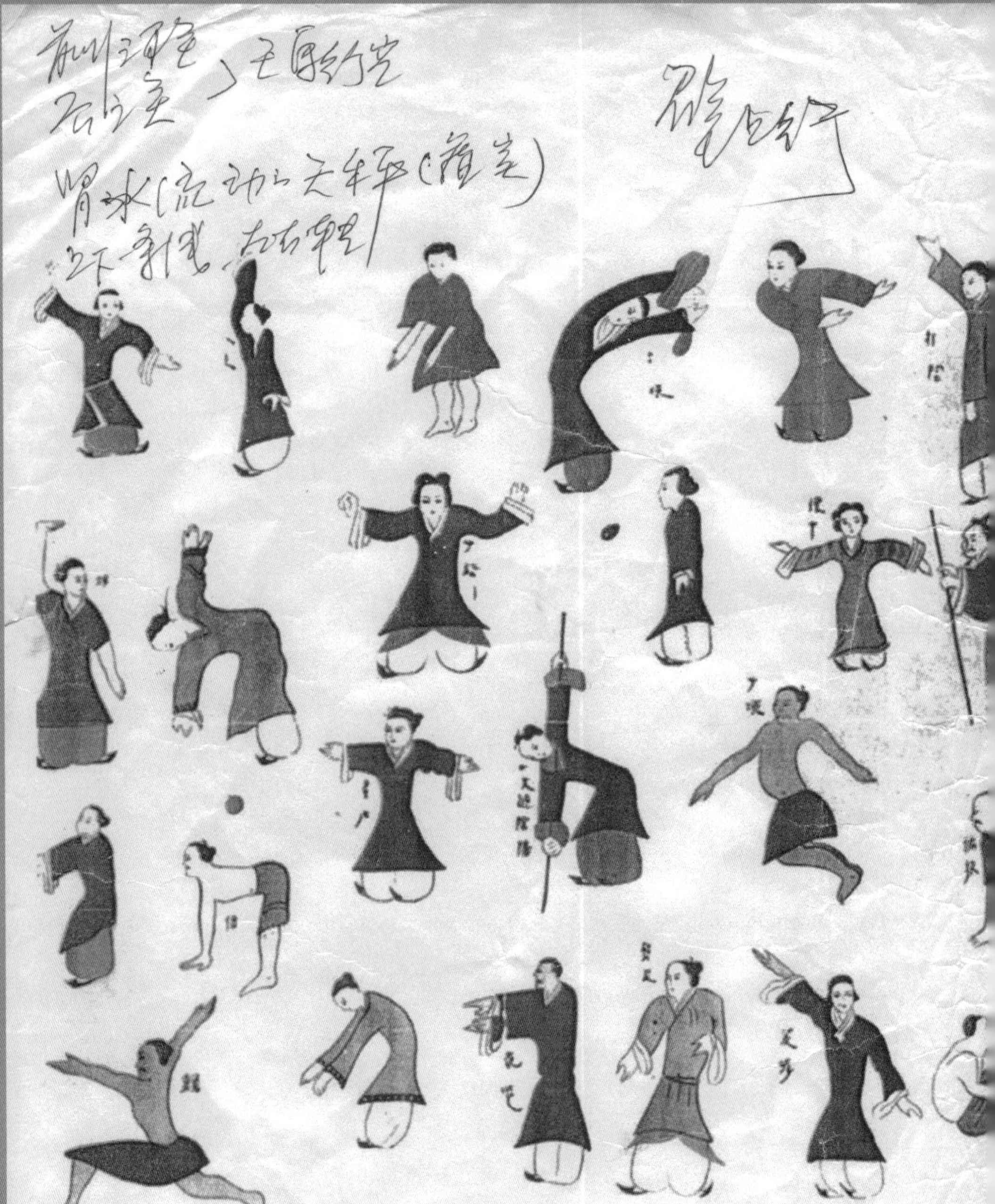

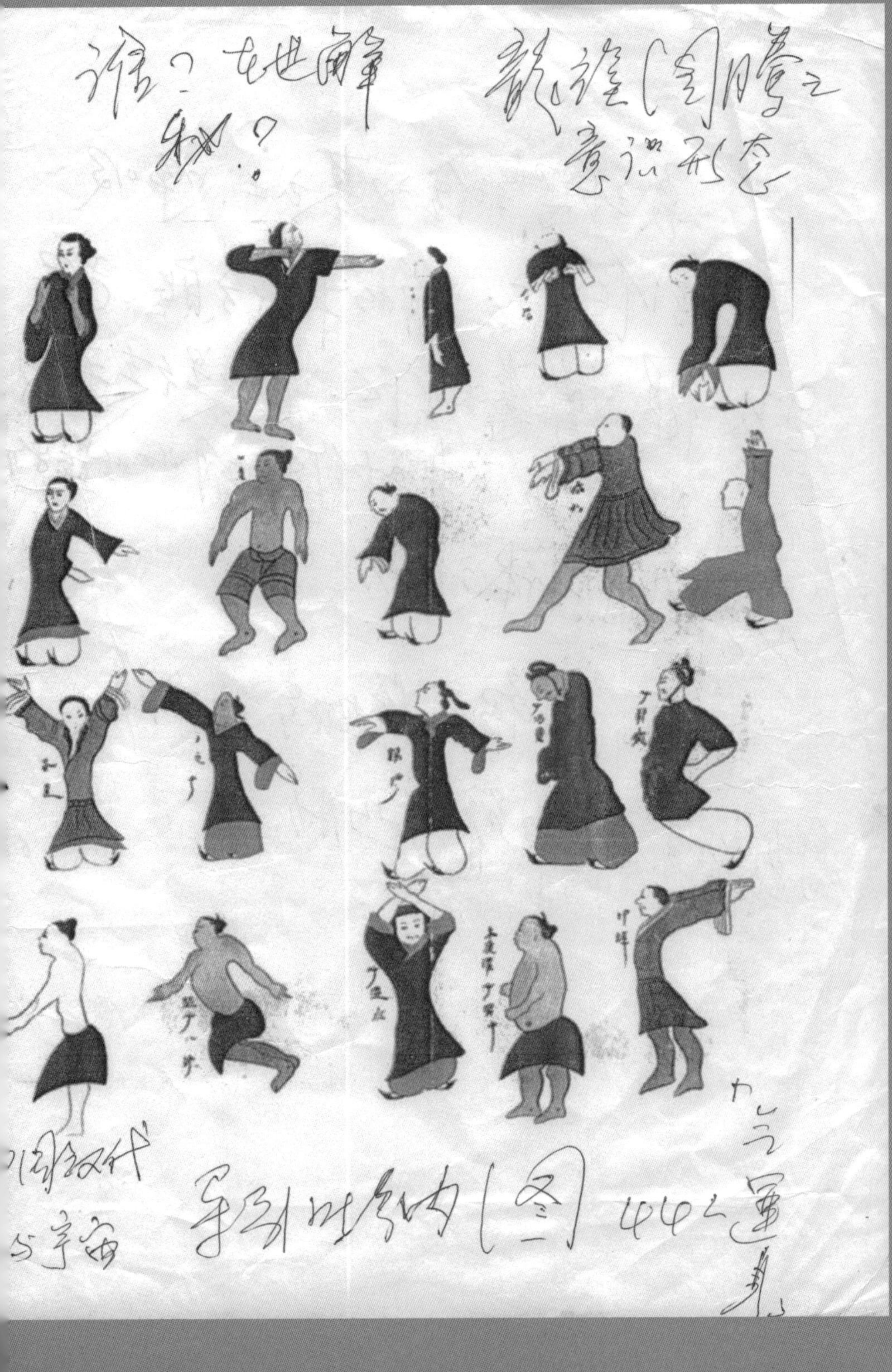
导引吐纳图 44

导引触足、步变法。"迈之灵韵"《人体八卦象意心功》在人体足下布意雷、风二卦。震卦☳为雷:雷伏天地,一阳奋出,万象昭苏。《易》曰:"动万物莫疾乎雷。"巽卦☴为风:风行天下,阴阳相遇,无孔不入。《易》:曰"挠万物者莫疾乎风。"

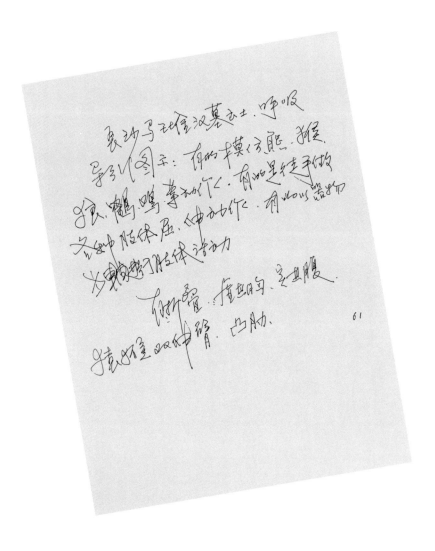

《卦之缘之意象》导体引入内运氧的摄入充盈，绵绵不断。其舞者气象，意盛则气盛领悟之中，卦缘造化、中得心源，成就了人体使天地自然，万物万理皆贯通于心中，达到主观的"卦意萌发"心意与宇宙客观自然的贯通一致。那是舞者所终极期望的"卦意"通过内气，心生迹，迹会心，气通化韵的万趣其神思的铭心刻骨，映于那古典舞学苍古静逸之气，修炼研化之圣归。

卦象，物之象，对物对事所含的意义。

卦辞，对卦的断语。

以《卦思》运身，暗示自己，使舞者身心进入卦意催起动之机状态。以《卦导》身松，气行意恭，"始卦得气"运舞神往；"卦机"默存，导引内气，气机在举手投足舞随气行，舞动得意，舞动生发。天地万有、生而有象、象之构成必先有形，境贵乎幽深，卦象境界意含天、地、山、水、风、火、雷、泽，卦辞文辞推断、推演其在宇宙生化，在自然界相互作用、"功能"。卦象以求既物穷理、揣其本然之源，在千变万化的盖物必有意象根源。从而以征象推演变化的：卦象符号逻辑。此符号至大、至极中有神、有气、有灵、有显，化育通变《易》理。当代，然究其实质，悟应体会"阴阳不测"的谓之神韵"太极"天机审美，渗透于舞者推演发展、生、动、化应变的技艺观念、创意天德生生、变化不息之　的生态循环系统。宇宙万有、肇源于气化、其舞思心态钩深致远、探本求源、故舞"质"万有之"能"成就于与气化的宇宙同吞、吐、独得那亘古绵延、阴(--)、阳（—）、开天、始作八卦，中华古典舞的"以通神明之德、以类万物之情"。

以卦意"卦辞"导致"气"："气"是含有能量和信息的微观物质粒子；它是客观宇宙物质的基本存在；是形成天地万事万物的本原。"气之聚则物生；气之散则物亡"。通过宇宙天、地、雷、风、水、火、山、泽八种自然现象，通过先祖遗留下中华民族的智慧结晶，古老而又与时俱进的现代年青人从事科研人体生命奥秘及其以调动生理潜能"气"机之理，开发人体能，并与通过情志、精神修养导引武、乐、舞的修身功《人体八卦象意心功》。

《人体八卦象意心功》在凝神中，习练象征宇宙自然，"其细无内，其大无外"；既"卦意揉入人体内外，韵意功"；意到、气到、得心应手、意至玄微，"偶逢佳境"故"卦"潜意感知中国古典舞审美韵学"姿势及运气"一脉相承要诀，呈现中华民族特色美学妙境；在实际应用到课堂、舞台和理论探讨方面具有深远意义。

《易》曰："易穷则变，变则通，通则久。"浩瀚无际的宇宙，冥漠难明,让《易》来说明人类生、养这赖以生存宇宙一星球(地球),同万物演变规律而生活运行,中华先祖圣贤直摩冥漠难明、玄妙莫测、苍穹之极的鬼斧神功所造化的;先天地生的自然界的风、雷、水、火……《星球脉动》;以前所未有的宇宙观涉足人体,以《卦》思为缩影,以亘古不变,周而不殆,循环运行,永不衰竭的精气神移情于人体动感生命乐章;阴(⚋)阳(⚊)二气交感,《卦学》卦象、卦辞学说对立和统一,形成天下万事万物的缩影。在华夏文化史中,从仰韶马家窑型回涡纹彩陶、早商青铜上的连珠及涡纹饰以及西周彝器上的环带、云雷等图案,远古先祖《与易道同机》神功天成的哲学,美学思维既非滞泥于散殊个体的并列平铺所能领会,也并非一般性的归纳演释所能适用,它是人类生命的觉醒,焕发出动态的、超然的且追求永恒无限、人寓于自然中意识、意象的中华民族古典精气神,从骨子里折射出千古之思,纵横万里之势,默契造化中华民族古典审美,其有与时俱进的"现代舞""功能"美学,它是进一步由常态观向宇宙层拓展,向微观深化,既抽象又是具化的中国古典美学大命题;其有具体的生命历程思考,是华夏民族形象思维活水,是"熔铸"于《人体八卦象意心功》的源泉,是渗透中国古典舞之学科生命"气"之活力。

越女论剑道

越女答越王问击剑之道时论说："其道甚微而易，其意甚幽而深，道有门户，亦有阴阳，开门闭户，阴衰阳兴。凡手战之道，内实精神，外示安仪；见之似好妇，夺之似惧虎。布形候气，与神俱往。杳之若日，偏如腾兔。追形逐影，光若仿佛。呼吸往来，不及法禁。纵横顺逆，直复不闻。斯道者，一人当百，百人当万。"（见《吴越春秋·勾践阴谋外传》）

琴、棋、书、剑是中华民族文化的标志，亦在中国历史上引导和挖掘人体科学文化的潜能，并促发人的审美意识与气质的精神力量。其也是调心养性、陶冶自我情操的修炼之道。

距今两千多年的春秋越女论剑道，点启了今天我们获得论剑文化美学的"真迹"，即时空连绵相属，剑我一体，追求宇宙意识的形似与神似的观照。

剑与身"旋律"融贯一体、剑随意转、剑剑相属、气脉相连。《老子·四十二章》：万物负阴而抱阳，冲气以为和，冲为剑道气运通畅，剑续意不止在时空圆旋激发着内心思潮，情状绪态，起伏激发着虚虚、实实的波动。剑行流韵的心境感悟着实为时间，虚为空间；正像太极图两条鱼喻示着虚中有实、实中有虚的发展。

论剑以拓展时空的超越，呈现无限的时间空间化与空间时间化。

时间空间化，即把剑的动态时间过程，并以此感受的瞬间"凝冻"在空间，从而超越剑器运动流体时间的框框，并不受制约束时间的构成，正如论剑：杳之若日，偏如腾兔。追形逐影，光若仿佛。呼吸往来，不及法禁。

空间时间化，即在空间的静态形势中，体现出生命状态的活动过程。舞剑者感官着静（空间）、动（时间）的节、拍、律、韵的无限与有限的时空差。心、意、气充分沟通催动剑器、出神入化：见之似好妇、造型含蓄若文雅静态仕女、静极若山岳（空间）；夺

之似惧虎、下山（时间化）虎、使人望而生畏的虎威凶猛，驭剑、无物不破、无坚不摧、气势如虎。

越女论剑，把摄入动静虚实的"镜头"推移近于远的焦点透视来变化视觉。以"蒙太奇"的逻辑，剪锁接连起来，赋予"好妇""惧虎""腾兔""若日""逐影""光"（速），旋回观照。从而将剑的意象在空间伸缩、更叠中，将剑的时间观念强化在空间转换中。

其道甚微而易，其意甚幽而深。像是一条通幽的曲径，使欣赏者循此而入微、幽、易、深之剑道。领略得剑灵源的越女，论剑中识趣灵竣，极尽变化幽眇，奇气迫人，胸宇宏豁的中华剑学"大手笔""大气魄"，此乃中华古典舞剑学科逻辑推研的"萌、生、成"的源头。

凡入道者，必修禅。伴随着越女禅修击剑之道。不仅成为一种人体艺术"古典美学核心"的研究命题，也更领略到越女"候气""布神"，返观悬视的神往，越女仿佛如置身太空，鸟瞰大千，仰观苍穹旷渺，俯察刚柔相摩、动静相荡的剑境原生态中的风神远韵。

今天阅览论剑文化遗产，在退思想象空间中：剑看我是谁？我持剑欲何？我与剑在天地自然中互化，化往庄周梦蝶空空、悠悠、渺渺化我无剑之剑之境，神机始发、流韵激空。

"S"承天接地"旋"身运剑功法

　　所谓"河图"非黄河也，而是天河之图；北周时庚信在诗中说"天河将没，日轮将起"，易学史曰："伏羲八卦系伏羲氏仰观天象所得。"现代天文学表明，银河系呈漩涡状，是不停地旋转的，从一定意义上说，伏羲八卦系是与银河系的漩涡相吻合，其渊源可扩展到整个银河系。

　　人类就是在"旋"中逐步进化而来的，也是在"旋"中生存和生活的。银河系在旋转，太阳系在旋转，地球围着太阳公转，地

龙马负图

神龟负书

球本身又在自转，人类生命在旋转中产生，核酸与蛋白质在旋转中合成，因此毫不足奇，现代分子生物学证明了细胞中的DNA分子为一种双螺旋结构。伏羲八卦来自旋涡状结构的天河（图），凡银河系中的物质（包括人生命体）都符合"旋"的伏羲八卦规律，因为伏羲八卦反映的是"本原"的规律性，是"先天"存在的，也不管在什么情况下，"卦象"是固定的，不管人类生命在什么参照系中，其永恒不变。

"球体"太极图具有先天的"S"立体循环，承天接地"旋"身运剑功法的源头，中华传统剑术家从人体生命科学领悟到太极图作为抽象的人体太极图，不仅赋予剑有机体运行，而且"剑意"先存于"身动S圆融"之中，并且，运体基因承载、运化在"球体"阴阳太极图的"S"结构之中。

"S"承天接地"旋"身运剑功法正是以意念"六合"调息，导、引术之剑连贯地运行伏羲八卦系与银河系的漩涡相吻合的畅通契机中。

其功法、心意：

右手屈肘握剑，肘内侧对"膻中"穴，吸左足膝弯约九十度，剑瑞朝天阳，旋摇剑器，引持剑肘意对左膝微微旋绕，旋意不断，

顺此意右肘贯通连于右肩，左膝贯通连于左胯，继续右肩贯通连于右手，左胯贯通连于左足，右手持剑下点劈在左足前半尺左右（下劈与左脚落地在统一节拍中），旋身乘剑御气，真气发功，通经活络，剑迹心、神化"六合"。"S"承天接地"旋"身运剑功法自古有之，在中华剑学史上曾被不少剑术家所运炼。

"七星"行剑功

　　提拉剑、崩剑、抹剑皆属七星行剑功范畴。仅以抹剑为例，抹剑以轻柔之劲使剑平行横摆一百二十度左右，劲达刃尖。剑速匀柔，轻轻擦过时空，犹如抹桌子般。剑刃高度在头与肩之间，俗称"抹脖"。

　　抹剑起动由胯（尾间的长强穴）为原点，"心意"于尾间形似船之舵，船（身）动必由舵先起动。抹剑，由胯尾间起始、续连、传递至腰、背、肩、肘、腕、指，使其在"意连、气连"的人体七

个环节中，意象、凝神，似生凡入化，隐隐浮现人体抹剑中的"七星"生命、生态体在太虚与无限之空呈现北斗"星体"。

"七星"行剑功，以"意"（意念、意思维）为行剑之源。心理活动是大脑皮层的功能，"意"乃是心理活动的更高形式和产物。以"意"为始，以形为终。抹剑以意识导引人体"七星体"的动、运、行、妙意空间、会心领悟中突破抹剑的观念与想法的循规蹈矩，从而界出了新趣叠现的抹剑玄机，人体浑然天际的风格、气度；也界出剑法造型、结构过程中、气局浩然、空间美学确立。

抹剑起动在未动之前，意想尾闾（尾骨）内敛（尾巴骨微微往下、往前内收），刺激"长强穴"有沉、热而得"经气"（经络）并循带气血上行扩散与传导，从而起到通调督脉。祖国医学经络学曰：督脉为阳脉的总钢，有统帅各阳络的作用。"七星"运剑功、导引内气，在人体的经络之中进行循环流注，气为血之帅，气行则血行，气随剑意行。传统剑术家云："七星"运剑功，可起到壮基筑体，补肾气强身之功能。

三剑飘云功

指实、掌虚、腕活持剑，由胯向左上肩头旋剑带动腰转、脊转、膀催腕滚贴左肩头运迹生剑花，同时头部往右微倾倒三十度。以腕为轴向左、后、右、前平圆绕转一周的腕花，称"左飘云剑。""中飘云剑"起动循规、法理与"左飘云剑"相同，只是头中正、腕对

准下巴，距离三寸，要抬头看腕上剑花，后仰三十度的中飘云剑，也称"仰身飘云剑"。"右飘云剑"起动循规、法理与"左飘云剑"相同，只是往右转一百四十度左右，高度同肩平。三剑飘云功活化剑花，意在手腕灵活性、柔韧性，柔不可偏于散软，韧不可偏于僵滞，灵不可偏于飘浮，静观玄览"澄神静气"在有意无意间，流盼运腕、运剑松灵，如风行水面、自然飘波如云。

摩胫根基功法

　　剑术运动中，脚步移动和变换方向的方法，称为"步法"。步法具有运载剑身融结为一体前进、后退、左右闪展的作用，步法可促使剑术技法的伸缩和拧转的幅度。步法沉稳是剑术动作平衡的根本，步法快疾是剑术动作迅猛的保证，步法灵便是剑术动作敏捷的基础。

　　先祖剑术家经千年修炼，打通步法与剑术高度协调一致的"摩胫根基功法"被视为潜意默悟枕中之秘。"摩"（易经曰）为刚柔相摩之摩。摩出养心修性，摩出习剑者"启人之高志""发人之浩气"，摩出剑术快速迅猛，落似巨石击水，有猛烈不可阻挡之势。摩出腾剑飘云如蛰龙升天，有冲天之雄浑。

　　摩胫根基功法：

　　习剑步法运动中，一脚移动，越过支撑脚时，移动脚内侧靠近支撑脚内踝部，使两腿胫骨似相互摩擦而过。如果足（脚）茫然起落，则造成筋经、血脉滞，下肢逆气运不顺，足部回环气血淤气，下肢（腿）内气不能够顺达传导应有能量。故言求习剑者不可不求其功法：术、理。

移动脚内侧在要靠近支撑脚内踝部起动前，重"意"（意思），不"动力"（移动脚先不动）。先意默：足要"望"膝而起（足不起而意起），膝望胯而微提（胯不提而"意"提）。打通足、膝、胯下上；上下意气"内察返感应"。调和疏通足、膝、胯气血，导之摩胫"得气"，产生意壮、气壮。从而使身手运剑体现意气而行、摩（胫）如狸猫。

古意千秋剑文赋着时代脉动

　　出土约五千年前石器时代"石刃骨剑"经历着几千年历史长河积淀、洗礼，流传在春秋战国时代，那是中国历史上哲学的黄金时代，出现了"百家争鸣"的局面。各派哲学家在他们的著作里都谈论太极、八卦图描述的阴阳对立、相含与互补。他们用阴、阳来解释天、地和人，从而将阴阳上升为中国哲学和中国文化的基本范畴。此时代诞生了理法极为深奥的《越女论剑道》。越女依阴、阳的天然与天理的结构，使剑法、身韵互为因果且融结为生命力之体。以"神遇"（心神）和"意欲行"的精神活动，进行剑器与感官的配合，使剑线（条）与身律合拍一致，相辅相承，相得益彰。

　　古人的文物剑器，能沟通上下五千年，承先启后，是中国古典

习武于武当山古井

文思精神桥梁。其往下可垂范后世，往上可取法中华武学史上，出幽入微，天机传神，万古常新，具有十分重要学术地位的古代先贤剑术家的《越女论剑道》，也引导习剑者体认这一文物的深属意涵。然而，剑器文物本身是静态的，因此，我们的使命是如何使其焕发光辉，使之转化为当代中华民族精神的古典舞学之身韵所能。今日不仅希望缩短观者、习练者与"文物剑"的距离，更期望能超越时空，使古人与今人之间相互会心交流。只有进化程序化的意识，才能与古人气运合意韵之境："剑法地、地法天、天法道、道法自然。"

剑器与人交相辉映、心存高远，修无剑之剑，方为真剑（习无之剑为剑道）。剑与身习练默契造化、与道同机，洋溢着高雅、苍古静逸、养生传统气质。

根据祖国医学关于"天阳地阴"、人体"上阳下阴"的理论，使体内余"阴"发于天，使体内余"阳"入于地。"S"承天接地运剑功法、三剑飘云功、"七星"行剑功、磨胫根基功法这四种功法可充分发挥引动内气的功效：导天空阳气入体下行，引地中阴气入体上行，使天地的"天阳"和"地阴"与人体的"上阳"和"下阴"交感结合，调整人体内阴阳二气的平衡。起到舒展任督，对心身内气调心、调气、平秘阴阳的功效作用。

"亦有阴阳"越女论剑道的文赋精髓、魂魄，乃是今天妙用剑器达意、养生健身和抒发情怀的真性境。

太极图阴阳相交又归元太极。太极图揭示了宇宙全貌，即揭示了宇宙时空结构的物理成因；揭示了阴阳对立统一是万物运动、转化能量流的基本规律。

天阳气下行，地阴气上行，天地相交，阴阳交泰，普降甘霖，万物、万韵丛生。一剑划过苍穹，界出无垠、空阔……也界出了赋予时代脉动，世界上最悠远、最迷人的古意千秋剑。

附 录

一、在哈萨克斯坦传授太极

驻哈萨克斯坦使馆邀请刘广来师傅来哈传授中国功夫

2016/12/08

11 月 28 日，中国驻哈萨克斯坦使馆和阿斯塔纳市太极协会联合举办的"中国功夫·太极培训班"在阿斯塔纳 А Л А У 体育场正式开班。使馆特邀中国功夫专家刘广来师傅为哈方学员授课。

刘广来师傅武术根基扎实，教学经验丰富。早在上世纪 90 年代初，刘师傅就受苏联"武术协会"邀请，赴列宁格勒（今圣彼得堡市）、莫斯科等地教授中国功夫，名扬四方。苏联解体后，刘师傅先后受俄罗斯国立远东大学、乌克兰国立基辅大学等知名院校邀请，赴远东、基辅等地开班，讲授太极拳、太极剑、太极扇的知识，并现场教学，在当地掀起学中国功夫的热潮。2015 年，受上海合作组织睦邻友好合作委员会邀请，刘师傅回北京开班，教授上合组织成员国驻华使节等高级外交官太极拳，广受好评。此外，刘师傅还为

2008 年北京奥运会开、闭幕式太极拳表演贡献了精彩创意和动作设计，在世界最高舞台上一展中国功夫风采。

开办中国功夫培训班，旨在回应广大哈方武术爱好者学习中国功夫的真诚愿望，弘扬"强身健体、和平友善、和谐共生"的中华武术精神。授课过程中讲演并举，学练同用，努力使学员感受到动静相宜、虚实相应、攻防一体、收放自如的中华武术文化精髓，领悟中国传统哲学中阴阳辩证理念和天人合一境界。

首期培训班将持续至 2017 年 1 月底。开班试训一周来，越来越多的哈方武术爱好者慕名前往报名参训。学员们纷纷表示，刘师傅为人谦和且有真功夫，领略到了中华武术的魅力，感谢中方提供如此宝贵的学习机会，希望中国功夫培训班能在哈持续开办下去。

中华人民共和国驻哈萨克斯坦共和国大使馆
Посольство Китайской Народной Республики в Республике Казахстан

张汉晖大使会见阿斯塔纳市太极协会一行

2017-01-18 中国驻哈萨克斯坦大使馆

1月17日，中国驻哈萨克斯坦大使张汉晖应约会见阿斯塔纳市太极协会会长科瓦廖夫和来哈授课的中国功夫大师刘广来一行。

张汉晖大使表示，前不久中国驻哈使馆和阿斯塔纳市太极协会联合举办的"中国功夫·太极培训班"收效显著，反响热烈，吸引了越来越多的哈武术爱好者前来学习。中国功夫博大精深，是中华文化瑰宝之一。希望哈方学员在学与练的同时多加思考，既强身健体，又通过习武领悟中华文化精髓。今后中国驻哈使馆愿与阿斯塔纳市太极协会在推广中华武术方面进一步加强合作。

科瓦廖夫会长感谢中国驻哈使馆为成功举办培训班提供的大力协助和支持，称赞刘广来师傅武术根基扎实，教学经验丰富。通过第一期近两个月的学习，哈方学员已初步掌握太极拳、剑基本功，对中华文化的了解进一步加深，学武兴趣更加浓厚，衷心希望中方能支持培训班在哈持续开办下去。

会见结束时，张汉晖大使向阿斯塔纳市太极协会赠送武当太极剑，并向刘广来师傅颁发奖状，表彰其为在海外传播中华武术、促进中哈人文交流、增进民间友谊所作出的贡献。

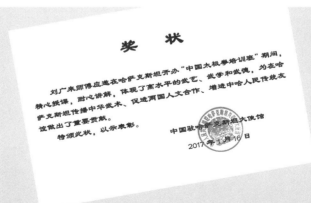

奖　状

刘广来师傅应邀在哈萨克斯坦开办"中国太极拳培训班"期间，精心授课，耐心讲解，体现了高水平的武艺、武学和武德，为在哈萨克斯坦传播中华武术、促进两国人文合作、增进中哈人民传统友谊做出了重要贡献。
特颁此状，以示表彰。

中国驻哈萨克斯坦大使馆
2017年1月16日

活动，专门邀请中国太极拳教学专家刘广来指导授课。刘广来熟练掌握俄语，长期与俄罗斯、乌克兰等欧亚地区国家武术协会保持良好合作，并曾担任俄罗斯远东国立大学孔子学院中国太极拳教授、专家，教授过上百名俄罗斯学员。据主办方介绍，举办太极拳培训班的目的在于弘扬中国传统文化，提高改善各国外交官的身体素质和心理状态，同时增进各国外交官的交流与互动。培训班活动场地由中俄友好、和平与发展委员会健康生活理事会中方主席梁玉师提供。

"和谐·力量"太极拳培训班在京开班　多国外交官踊跃参加

"和谐·力量"太极拳培训班在京开班

中国太极拳教学专家刘广来进行动作示范

原标题："和谐·力量"太极拳培训班在京开班 多国外交官踊跃参加

国际在线报道（记者王沙）：由中俄友好、和平与发展委员会与上海合作组织睦邻友好合作委员会联合举办的"和谐·力量"太极拳培训班16日在京正式开班。来自俄罗斯、阿塞拜疆等多个国家的外交官纷纷报名参加培训课。

太极拳是中国国家级非物质文化遗产，以中国传统、道哲学中的太极、阴阳辩证理念为核心思想，是一种内外兼修、刚柔相济的传统拳术。据介绍，太极

和谐·力量"太极拳培训班在京开班　多国外交官踊跃参加

培训班学员认真练习

中国人民解放军艺术学院

证　明

北京中国音乐学院歌剧系形体课讲师刘预来同志自一九八四年至一九八七年曾又新地与我系身法组教员交流研究创作身形，并教授了剑舞《江南好》。特此证明。

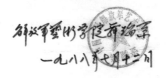

解放军艺术学院舞蹈系
一九八八年七月十二日

刘广来同志于96、97、98年在北京舞蹈学院民族舞剧系、编导系教授过剑器课、太极拳课，并为民族舞剧系学生叶波参加全国第五届"桃李杯"赛编创"剑影流韵"。

该同志在教学中责任心强，备课认真，在课堂训练中对学生要求一丝不苟，所教授的教材适用，对学生专业水平提高起到了积极促进作用。

北京舞蹈学院
1998年11月

五、赴德国柏林教太极

Chen-Stil

Die traditionellen chinesischen Kampfkünste unterteilt man in äußere Formen (wie zum Beispiel das berühmte Shaolin Chuan), und innere Formen. Zu ihnen gehört Tai Chi Chuan, dessen Prinzipien Aspekte der Philosophie des Tao berücksichtigen. Der Chen-Stil ist der Ursprungsstil des Tai Chi Chuan. Die Konzentration auf das Körperzentrum, die spiralförmig fließende Bewegung und die Verwendung der inneren Kraft stärkt die Fähigkeit zur Selbstverteidigung; vor allem aber können die Übungen im Sinne der Meditation zu innerer Ruhe und Entspannung und dadurch zu körperlicher Gesundheit führen. Der Schwerpunkt des Tai Chi Chuan liegt also auf der inneren Seite unseres Körpers und Geistes. Der Chen-Stil kennt zwei traditionelle Formen. Feng Zhi Quan, der große Meister und Lehrer des Tai Chi Chuan, hat hieraus weitere Formen abgeleitet, die gesundheitlichen und didaktischen Gesichtspunkten der heutigen Zeit Rechnung tragen. Partnerübungen (Tui Shou) und Waffenformen ergänzen die Übungsmöglichkeiten.

Liu Guang Lai (1948 in der Provinz Shan Dong geboren) war bereits mit 12 Jahren Schüler am Choreografischen Institut in Peking. Nach dem Abschluß der Ausbildung ging er in die Provinz Chenan, um dort am Entstehungsort des Tai Chi Chuan 19 Jahre lang bei den bedeutendsten Meistern zu arbeiten. Nach Peking zurückgekehrt, wurde er Mitglied der Forschungsgesellschaft für Chen Tai Chi Chuan (innerhalb der Pekinger Wu Shu Association), um dort an der Verbreitung und Entwicklung speziell des Chen-Stils mitzuarbeiten. Weite Anerkennung erhielt er für Rekonstruktion und Choreografie verschiedener Schwertformen; der Überlieferung und Bewahrung dieser kulturellen Kunstformen gilt seine besondere Aufmerksamkeit.

Liu Guang Lai

1994 年秋季，德国柏林太极拳协会邀请刘广来赴柏林教太极拳，在柏林各书店厨窗张贴刘广来赴柏林教学的广告。

ОБ АВТОРЕ

Мастер Лю Гуанлай начал свое обучение боевым искусствам с раннего детства в провинции Шаньдун. В 12 лет поступил в Пекинский хореографический институт на факультет национального танца, после окончания которого в 1968 году в течение 19 лет работал в провинции Хэнань, неподалеку от знаменитого села Чэньцзягоу — родины стиля тайцзицюань, одного из "внутренних" направлений китайского ушу. Здесь под руководством потомственных мастеров он и обучался древнему искусству семьи Чэнь. После возвращения в Пекин Лю Гуанлай становится учеником современного патриарха этого стиля господина Фэн Чжицяна и вступает в руководимое его учителем Пекинское общество ушу по изучению стиля Чэнь тайцзицюань. В этом обществе, совместно с другими признанными мастерами, он работает над созданием новых эффективных форм и методик стиля. Широкую известность Лю Гуанлаю принесло его виртуозное искусство владения обоюдоострым мечом "цзянь". Не оставляя своей профессии преподавателя танцевального мастерства Лю Гуанлай исследует возможность гармонического сочетания боевых искусств и танца, особенное внимание при этом уделяя танцу с мечом. Этой теме посвящены его статьи в ведущем китайском специализированном журнале "Удао" (хореография), получившие высокую оценку специалистов и широкой театральной общественности. За постановку танцев Лю Гуанлаю присуждена первая государственная премия КНР, а его одиночный танец с мечом

3

图为刘广来著、莫斯科大学博士安德烈翻译的《24 式．陈太极拳书》首页作者简介

六、赴苏传艺

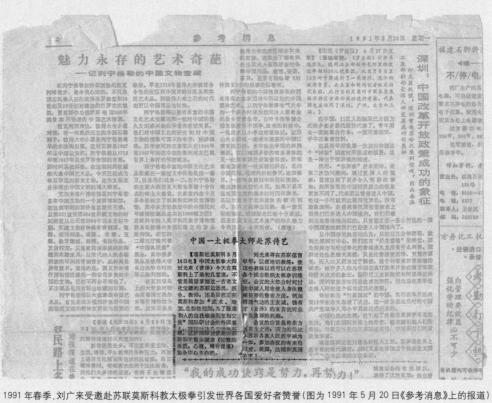

1991 年春季,刘广来受邀赴苏联莫斯科教太极拳引发世界各国爱好者赞誉(图为 1991 年 5 月 20 日《参考消息》上的报道)

1991 年夏季仍留在莫斯科继续教太极拳。图为刘广来与苏联各加盟共和国来到莫斯科学习太极拳教练员的合影

1993 年在莫斯科开办"太极刀术"专修班。图为刘广来与学生合影

1993 年在莫斯科开办"太极刀术"专修班。图为刘广来带学生练习

2006 年冬季，受邀赴俄罗斯西伯利亚雅库茨克（武协）邀请教学。图为刘广来与雅库茨克城市太极拳协会的学生合影留念

图为俄罗斯西伯利亚雅库茨克太极拳协会授予刘广的奖状，表彰刘广来为太极拳教学做出的贡献

此图最下方的图片为刘广来带着俄罗斯洋弟子在俄罗斯国立远东大学
庆祝孔子学院一周年大会上表演游龙八卦掌

ТЕХНИКА ДАОССКОЙ ШКОЛЫ
ТАЙЦЗИЦЮАНЬ "ВЕТЕР-ГРОМ"

Цигун и боевые искусства

Владимир Котляр

Шокирующий
ТАЙЦЗИЦЮАНЬ
ИЛИ ТО, О ЧЕМ МОЛЧАТ КИТАЙЦЫ

由刘广来指导乌克兰东部"武协"出版了太
极拳"行气""著伸""心拳"搏击奥秘

由刘广来指导，策划乌克兰东部顿涅茨克城
市太极拳协会出版太极拳演练、推手等普及
太极拳书籍，为充实其书太极功法并完善，
刘广来老师为本书中研、练实践中打心迹内
核，题写了书法《足随手运、圆转如神》

Шокирующий Тайцзицюань, или То, о чем молчат китайцы

Рис. 12. Учитель Лю выполняет
каллиграфическую надпись
о ведении от рук.

Рис. 13. «Игра рук — полностью
в ладонях, пальцы ведут все движения тела,
ноги следуют рукам особенно жестко. Ноги
следуют движениям рук, крутятся округло
подобно духу». Чэнь Синь «Тайцзицюань
тушо», каллиграфия Лю Гуанлая,
перевод М. М. Богачихина.

При изучении сложных форм действует правило: если упражнение вы-
полняется более чем наполовину неправильно, то отрабатываются имен-
но ошибки.

Вот еще один из характерных примеров: обучение новичков технике сво-
рачивания кулака сразу в одну из мастерских форм — например, в форму
«глаз феникса» (фэн янь — 鳳眼). В таких формах суставы одного или не-
скольких пальцев выставляются вперед и удар наносится фактически суста-
вами пальцев, что очень травмоопасно для незакаленных поверхностей рук.
В результате ученики тренируют удары кулаками, совершенно непрактичные
с точки зрения прикладной техники. Причем некоторые учителя (особенно
китайские), рассказывая о «шариках ци» в кулаках (или приводя любые дру-
гие эзотерические объяснения), прямо запрещают сворачивать кулаки пол-
ностью[17].

---

[17] Читайте, например, книгу Вэй Шужэня «Истинная техника тайцзи-цюань стиля Ян» (Москва, 2006).
Обратите особое внимание в книге господина Вэя на фотографии «правильного» сворачивания кулака
(стр. 32–35): если не боитесь, то можете попробовать на свой страх и риск сформировать свой кулак по-
добным образом и ударить во что-нибудь твердое, например в боксерскую грушу. Только не бейте слиш-
ком сильно, не то сломаете себе пальцы и запястье в придачу!

28

2001 年夏季访少林寺

2002 年春、夏访陈氏太极拳发源地河南温县陈家沟，并对此地太极拳学校教法考察

与孙禄堂女儿孙剑云老师（右）合影

与洪钧生老师（左）合影

后排左起：张一凡、洪钧生、杨益臣、刘亮
前排左起：赵仲民、陈照旭、刘慕三、陈发科、陈豫侠

北京舞蹈学院 60 周年校庆，与邵未秋（左）、李正一老师（中）合影

誉满中外武术家王培生先生收刘广来为入室嫡传弟子

敬重，一日为师，终身为父。与恩师王培生

"世太会"得到杨露禅嫡孙杨振铎老师口传心授太极拳"内运""起动"，弥足珍贵

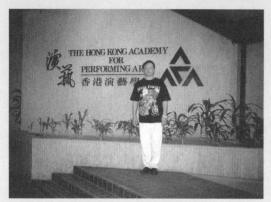

受邀在香港演艺学院教中国剑术、太极揉球术

香港演艺学院中国舞系主任刘友兰（最后一排站立者左一）组织全系学生观摩、学习

教授太极揉球术

教授中国剑术

访武当山道教武术馆

莫斯科郊外的习练